[handwritten] 1644 … xbre … 52.

EDICT DV ROY,

PORTANT CREATION de huict Offices de Commissaires Controlleurs Iurez Visiteurs & Priseurs, & deux Offices de Iurez Iaugeurs des Cendres, Soutes & Grauelées de la Ville, Fauxbourgs & Banlieuë de Paris. [handwritten: Nouembre 1644.]

Verifié en la Cour des Aydes le vingt-quatriesme Mars mil six cens quarante-six.

Et en l'Hostel de Ville de Paris le 28. Auril audit an.

Auec les Arrests du Conseil, Parlement & Sentences de l'Hostel de Ville de Paris, & la Declaration de sa Majesté, portant confirmation des droicts desdits Officiers.

Verifiez en Parlement, Cour des Aydes & Hostel de Ville de Paris.

A PARIS.

M. DC XLVI.

Auec Priuilege de sa Majesté.

(9)

LOVIS par la grace de Dieu Roy de France & de Nauarre, A tous presens & à venir, Salut. NOVS ayant esté remonstré en nostre Conseil, Qu'encores que la marchandise de Cendres, Soutes & Grauelées qui se vendent & debitent en nostre bonne Ville de Paris, pour les lesciues & blanchissage du linge, deust estre exactement veuë & visitée: Neantmoins il n'a esté fait aucun Reglement iusques à present sur ladite marchandise, ny estably aucuns Officiers pour y auoir l'œil, d'où il aduient iournellement que ceux qui font amener & vendre lesdites Cendres, Soutes & Grauelées, les falsifient, & commettent plusieurs abus & maluersations, qui causent bien souuent de grandes incommoditez & maladies au corps humain, par le defaut de blanchissage du linge qui sert à son visage. Pour à quoy remedier, nous auons estimé qu'il estoit à propos de creer huict Offices de Commissaires Controlleurs Iurez Visiteurs & Priseurs de ladite marchandise, pour auoir esgard à la defectuosité, qualité & prix d'icelle, & deux Offices de Iurez Iaugeurs, pour iauger les tonneaux desdites Cendres : Et afin que ceux qui seront pourueus desdits Offices, puissent auoir moyen de les exercer auec l'assiduité & diligence requise, d'aliener nostre Ferme desdites Cendres, Soutes & Grauelées, & conuertir le reuenu d'icelle en droicts pour lesdits Officiers, & par mesme moyen esteindre & supprimer l'Office de Controlleur Visiteur desdites Cendres, vendu en l'année 1642. par les Commissaires deputez pour la vente de nostre Domaine ; de la finance desquels Offices, nous tirerons quelque secours en la necessité presente de nos affaires, A CES CAVSES, Sçauoir faisons, Qu'ayant mis cette affaire en deliberation en nostre Conseil, & fait voir à iceluy le contract de vente dudit Office de Controlleur & Visiteur de Cendres, fait en l'année 1642. par les Commissaires deputez pour la vente de nostre Domaine ; De l'Aduis de la Reine Regente nostre tres-honorée Dame & Mere, de nostre trescher Oncle le Duc d'Orleans, de nostre cher Cousin le Prince de Condé, de plusieurs grands & notables Personnages de nostredit Conseil, & de nostre certaine science, plaine puissãce & authorité Royale, NOVS AVONS par le present Edict perpetuel & irreuocable, creé & erigé, creons & erigeons en titre d'Office formé en l'Hostel de nostre bonne Ville de Paris, huict Commissaires Controlleurs Iurez Visiteurs & Priseurs de toute sorte & nature de Cendres, Grauelées, Soutes & autres, seruans à faire lescives & blanchir linges ou autrement, qui seront amenées tant par eauë que par terre, & deschargées aux Ports & Places de ladite Ville de Paris, Fauxbourgs & Banlieuë d'icelle, ou qui passeront debout, Pour par ceux qui seront pourueus desdits Offices, voir, controller & visiter lesdites Cendres, Soutes & Grauelées, de quelque sorte & nature qu'elles puissent estre; & à cet effect, voulons que les Marchands, Voituriers & Mariniers qui feront venir, amener & conduire lesdites Cendres, Soutes & Grauelées en ladite ville de Paris, Fauxbourgs & Banlieuë d'icelle, tant par eauë que par terre, soient tenus à l'instant de l'arriuée de leurs batteaux & marchandiſes, de venir ou enuoyer au Bureau qui ſera eſtably par leſdits Commiſſaires Controlleurs Iurez Viſiteurs & Priſeurs, faire leur declaration des quantitez & qualitez deſdites marchandiſes qu'ils auront amenées ou fait venir, pour icelles eſtre veuës, viſitées, controllées & priſees par leſdits Commiſſaires Controlleurs Iurez Viſiteurs & Priſeurs, qui ſeront tenus de faire leſdites viſitatiõs dans vingt-quatre heures apres qu'ils auront eſté aduertis par leſdits Marchands ou Mariniers, de l'arriuée deſdites Cendres, Soutes & Grauelées; Auſquels Marchands, Voituriers & Mariniers, nous faiſons tres-expreſſes inhibitions & defenſes de faire tirer & deſcharger leſdites marchandiſes auant que d'eſtre veuës, viſitées & controllées par leſdits Commiſſaires Controlleurs, Iurez Viſiteurs & Priſeurs, à peine de confiſcation deſdites marchandiſes, & de mil liures d'amende: Et apres que leſdits Officiers auront veu, viſité & controllé leſdites marchandiſes, ils ſeront tenus d'en faire leur rapport pardeuant les Preuoſt des Marchands & Eſcheuins de noſtre bonne Ville de Paris, pour y mettre le prix, lequel ſera enregiſtré au Greffe dudit Hoſtel de

Ville de Paris, auec la qualité desdites marchandises, sans que pour raison dudit enregistrement, le Greffier dudit Greffe puisse demander ny pretendre aucun salaire. Et afin que ceux qui voudront achepter lesdites Cendres, puissent auoir cognoissance du prix qui aura esté mis à ladite marchandise, Nous voulons que lesdits Commissaires Controlleurs Iurez Visiteurs & Priseurs soient obligez d'imprimer, grauer & marquer auec vne Royne sur le fonds ou douue de chacun tonneau ou tonne desdites Cendres, Soutes & Grauelées, le prix qu'ils auront mis à ladite marchandise, sans que les Marchands d'icelle la puissent exposer ny vendre que ladite marque n'ait esté apposee, à peine de confiscation d'icelle: Et en cas de contrauention, lesdits Commissaires Controlleurs Iurez Visiteurs & Priseurs en feront leur rapport verbalement ou par escrit, ainsi que bon leur semblera, ensemble des plaintes qu'ils auront receuës des particuliers, pardeuant les Preuost des Marchands & Escheuins de ladite Ville, afin de mulcter les contreuenans selon l'exigence des cas: lesquels Commissaires Controlleurs Iurez Visiteurs & Priseurs, donneront verbalemẽt les premieres assignations ausdits contreuenans, & auront le tiers de toutes les amendes & confiscations qui seront adiugées à l'encontre desdits contreuenans. Et pour donner moyen ausdits Commissaires Controlleurs Iurez Visiteurs & Priseurs, de s'entretenir en l'exercice de leurs charges, Nous leur auons attribué & attribuons par le present Edict les droicts de la Ferme desdites Cendres, Soutes & Grauelées, consistant en douze deniers pour liure du prix de la vente desdites cendres ordinaires & communes, cendres, grauelées, & autres seruans aux lescives, qui entrent en ladite Ville, Fauxbourgs & Banlieuë, & qui passent debout: Le Bail de laquelle Ferme, nous auons reuoqué & reuoquons, & faisons defenses au Fermier de ladite Ferme, ses Commis & tous autres de s'ingerer à la recepte d'icelle. Pour de tous lesdits droicts presentemẽt attribuez, en iouïr par ceux qui seront pourueus desdits huict Offices de Commissaires Controlleurs Iurez Visiteurs & Priseurs, à commencer du premier iour du present mois, & en estre payez par les Marchands Vendeurs seuls, aussi-tost que leurs marchandises seront arriuées, & qu'elles auront esté veuës & visitées, controllées & prisées par lesdits Commissaires Controlleurs Iurez Visiteurs & Priseurs, & ce au lieu des droicts qu'ils payoient audit Fermier; sans que pour raison de ce, lesdits Marchands puissent pretendre aucune augmentatiõ de leur marchandise : de tous lesquels droicts lesdits Officiers feront bourse commune, & les partageront esgalement entr'eux. Et afin qu'ils puissent plus facilement vaquer à l'exercice desdits Offices, nous les auons exemptez & exemptons de toutes tutelles, curatelles, guet, garde, & autres charges personnelles & publiques, & voulons qu'ils ayent droict de cõmittimus aux Requestes de nostre Palais à Paris. Et dautant qu'en l'année 1642. il a esté vendu par les Commissaires deputez pour la vente de nostre Domaine, vn Office de Controlleur & Visiteur desdites Cendres, Soutes & Grauelées en nostredite Ville & Fauxbourgs de Paris, la fonction duquel Office est attribuée ausdits Commissaires Controlleurs Iurez Visiteurs & Priseurs, Nous auons par le present Edict esteint & supprimé, esteignons & supprimons ledit Office de Controlleur desdites Cendres, Soute & Grauelée. AVONS aussi par nostredit preſent Ediɛt perpetuel & irreuocable, creé & erigé, creons & erigeons en titre d'Office formé audit Hoſtel de noſtredite Ville, de Paris, Deux Iurez Iaugeurs de tonnes deſdites Cendres, Soutes & Grauelées de ladite Ville, Fauxbourgs & Banlieuë de Paris, à l'inſtar des Iurez Iaugeurs de Vins de ladite Ville, Pour par les pourueus deſdits Offices, & en la preſence deſdits Commiſſaires Controlleurs Iurez Viſiteurs & Priſeurs, iauger les tonnes deſdites Cendres, Soutes & Grauelées, & appoſer leur marque ſur le fonds ou douue deſdites tonnes: leſquelles tonnes nous voulons & ordonnons eſtre faites de bois merrien, de deux pieds & demy de longueur, & deux pieds vn poulce de fonds, auec le bouge raiſonnable, Auſquels Iaugeurs nous auons attribué & attribuons pour droiɛt de iaugeage, cinq ſols pour chacune tonne deſdites Cendres, Soutes & Grauelées, qui leur ſeront payez par les Marchands Vendeurs ſeuls, ſi toſt que leurs marchandiſes ſeront deſchargées & iaugées ſur les Ports; deſquels droiɛts leſdits Iaugeurs feront bourſe commune, & les partageront eſgalement entr'eux. Voulons que ceux qui ſeront pourueus deſdits huiɛt Offices de

Commissaires Controlleurs Iurez Visiteurs & Priseurs, & desdits Offices de Iaugeurs, soient receus & prestent le serment pardeuant lesdits Preuost des Marchands & Escheuins, & qu'ils ayent mesme faculté que les autres Officiers de Police dudit Hostel de Ville de Paris, de resigner par eux, leurs veufues, enfans & heritiers, lesdits Offices pardeuant Notaires ou Tabellions, sans estre tenus de faire (si bon ne leur semble) leurs resignations en personne dans ledit Hostel de Ville, dont nous les auons releuez & dispensez, releuons & dispensons par ces presentes, en payant par chacun an audit Hostel de Ville de Paris, és mains du Receueur d'icelle, vne recognoissance annuelle que nous auons reglée à la somme de quinze liures chacun, sans estre tenus de payer aucun prest, dont nous les auons aussi dispensez & deschargez par le present Edict, & du payement de ladite recognoissance durant quatre années, á compter du iour qu'ils seront receus esdits Offices; pendant lesquelles arriuant leur decez, lesdits Offices seront conseruez á leursdites veufues, enfans & heritiers, comme s'ils auoiẽt payé ladite recognoissance; & lesdites quatre années expirées, lesdits

Officiers seront receus au payement de ladite recognoissance ; & lesdites quatre années expirées, lesdits Officiers seront receus au payement de ladite recognoissance, aussi sans payer aucun prest. Le nombre desquels Offices de Cõmissaires Controlleurs Iurez Visiteurs & Priseurs, & Iurez Iaugeurs, ne pourra estre augmenté, ny estre crée & estably aucuns Officiers qui puissent auoir esgard sur ladite marchandise de Cendres, Soutes & Grauelées, ou authorité sur les Officiers d'icelle, sous le titre de Commissaires Controlleurs, ny autrement, pour quelque cause, pretexte & occasion que ce soit: Et pourront lesdits Offices de Commissaires Controlleurs Iurez Visiteurs & Priseurs, & lesdits Iaugeurs, estre tenus & exercez par autres Officiers estans de la iurisdiction desdits Preuost des Marchands & Escheuins, sans incompatibilité, mesmes lesdits Offices de Iurez Iaugeurs pourront estre tenus & exercez par ceux qui seront pourueus desdits Offices de Commissaires Controlleurs Iurez Visiteurs & Priseurs, aussi sans incompatibilité. Et afin d'obliger ceux qui voudront leuer en nos Parties Casuelles lesdits Offices presentement creés, de nous ſecourir de la finance d'iceux, dont nous auons deſtiné les deniers qui en doiuent prouenir pour les deſpenſes preſſees de la guerre, Nous voulons que ceux qui leueront leſdits Offices, ou les Porteurs des quittances de finance d'iceux (en attendant qu'ils en ayent diſpoſé, ou qu'ils s'y ſoient fait pouruoir) faſſent ou leurs Commis, la fonction & exercice deſdits Offices, & iouyſſent des droicts y attribuez, comme s'ils en eſtoient pourueus, à commencer du premier iour du preſent mois.

SI DONNONS EN MANDEMENT à nos amez & feaux Conſeillers les gens tenans noſtre Cour des Aydes à Paris, & aux Preuoſt des Marchands & Eſcheuins de noſtredite Ville de Paris, Que noſtre preſent Edict ils faſſent lire, publier & regiſtrer purement & ſimplement, & le contenu en iceluy entretenir, garder & obſeruer ſelon ſa forme & teneur, ſans permettre qu'il y ſoit contreuenu, nonobſtant toutes Ordonnances, Edicts, Declarations, Arreſts, Reglemens, Iugemens & autres choſes à ce contraires, auſquelles & aux derogatoires des derogatoires y cõtenuës, nous auons derogé & derogeons par ces preſentes, & nonobſtant auſſi toutes oppositions, appellations & empeschemens quelconques, desquels nous attribuons la cognoissance ausdits Preuost des Marchands & Escheuins de nostredite ville de Paris en premiere instance, & par appel en nostredite Cour des Aydes, apres la verification pure & simple de nostredit present Edict, & iusques à ce, nous l'auons retenuë & reseruée en nostredit Conseil, & icelle interdite & defenduë à toutes nos autres Cours & Iuges: CAR tel est nostre plaisir. Et dautant que des presentes on pourra auoir affaire en plusieurs & diuers lieux, Nous voulons qu'aux coppies d'icelles deuëment collationnées par l'vn de nos amez & feaux Conseillers & Secretaires, foy soit adjoustée comme au present original, auquel afin que ce soit chose ferme & stable à tousiours, nous auons fait mettre nostre Seel, sauf en autres choses nostre droict & l'autruy en toutes. DONNE' à Paris au mois de Nouembre l'an de grace mil six cens quarante-quatre, Et de nostre regne le deuxiesme. Signé, LOVIS, & plus bas, Par le Roy, la Reine Regente sa Mere presente, DE GVENEGAVD, & seellé du grand Seau de cire verte sur lacs de soye rouge & verte. Et encore est escrit.

Leu publié, registré, du tres.expres commandement du Roy, porté par Monsieur le Prince de Condé, assisté du sieur de Bassompierre, Mareschal de France, & des Sieurs Amelot, Chaillou & Gobelin, Conseillers ordinaires de sadite Majesté en ses Conseils d'Estat & Privé, ouy & ce requerant son Procureur general, A Paris en la Cour des Aydes les Chambres assemblées le vingt-quatriéme iour de Mars mil six cens quarante-six. Signé,

BOVCHER.

Lesdites Lettres ont esté registrées au Greffe de la Ville, ouy & ce consentant le Procureur du Roy & d'icelle, pour estre executees selon leur forme & teneur, A la charge de faire par lesdits Commissaires, Controlleurs Iurez, Visiteurs & Priseurs de Cendres, leurs visitations & controlles desdites marchandises, vingt-quatre heures apres la declaration qui en aura esté faite à leur Bureau, par les Marchands, Voituriers ou Mariniers, de marquer sur les tonnes le prix qui y aura esté par nous mis, immediatement apres l'arrivage qu'ils en auront fait au Bureau de la Ville; de ne prendre le droict à eux attribué qu'une seule fois sur une mesme marchandise, en quelque lieu qu'elle puisse aller; de se trouver par lesdits Iaugeurs de Cendres au Bureau desdits Commissaires Controlleurs, pour par iceux Iaugeurs faire leurs charges aussi-tost que la visite & controlle auront esté faits des marchandises mentionnees ausdites Lettres, Et que tout les differends qui naistront en execution desdites Lettres, circonstances & dependantes d'icelles, seront traitez & reglez en la Iurisdiction dudit Hostel de Ville. Faict au Bureau de ladite Ville, le 28. iour d'Auril mil six cens quarante-six. Signé, LEMAIRE.

EXTRAICT DES REGISTRES *de la Cour des Aydes.*

VEV par la Cour les Lettres patentes du Roy en forme d'Edict, données à Paris au mois de Nouembre 1644. Signées, LOVIS, & plus bas, Par le Roy, la Reine Regente sa Mere presente, DE GVENEGAVD, à costé, visa, & seellées en lacs de soye verte & rouge du grand Seau de cire verte, Par lesquelles & pour les causes y contenues, le Roy, de l'aduis de son Conseil, & de sa certaine science, plaine puissance & authorité Royale, crée & erige en titre d'Office formé en l'Hostel de sa bonne Ville de Paris, Huict Commissaires Controlleurs

Controlleurs jurez Visiteurs & Priseurs de toutes sortes de cendres, grauelées, soutes noires & blanches seruans à faire lesciues & blanchir linges, qui seront amenées, tant par eaüe que par terre, & deschargées aux Ports & Places de ladite Ville, Faux-bourgs & Banlieuë, ou qui passeront debout, pour par ceux qui seront pourueus desdits Offices, voir, controller & visiter desdites cendres, soutes & Grauelées: à cet effet seront les Marchāds, Voituriers & Mariniers, tenus au méme instant de l'arriuée, d'en aller faire declaration au Bureau qui sera estably par lesdits Commissaires, & ce apres la visite & controlle qu'ils seront tenus d'en faire leur rapport pardeuant les Preuost des Marchands & Escheuins de ladite Ville, pour y mettre le prix, lequel sera registré au Greffe dudit Hostel de Ville: Et afin que les Achepteurs ayent cognoissance dudit prix, veut que lesdits Commissaires Controlleurs & Visiteurs soient obligez de l'imprimer, grauer & marquer auec vne Royne sur les fonds ou douues de chacun tonneau desdites Cendres, Grauelées & Soutes, sans que ladite marque y ait esté apposée, à peine de confiscation: Attribüe ausdits Offices les droicts de la Ferme desdites Cendres, Soutes & Grauelées, consistant en douze deniers pour liure du prix de la vête d'icelle, le Bail de laquelle Ferme est reuoqué, faisant defenses au Fermier & ses Commis de s'ingerer à la recepte d'icelle, & supprime & reuoque l'Office de Controlleur desdites Cendres, Soutes & Grauelées, vendu par les Commissaires du Louure en l'année 1642. Crée aussi en titre d'Office formé audit Hostel de Ville, Deux Iurez Iaugeurs des tonnes desdites cendres, à l'instar des Iurez Iaugeurs de Vins, ausquels est attribué cinq sols pour chacune tonne desdites Cendres, Soutes & Grauelées, qui leur seront payez par les Marchands Vendeurs, le tout ainsi que plus au long est contenu audit Edict, adressant à ladite Cour pour la verification & registrement d'iceluy. VEV aussi les Actes d'oppositions formées au Greffe de ladite Cour, à ladite verification, par Florent Iacob, Leonard de la Grange, & les Officiers du Iardin Royal des Plantes Medecinales, des 5. & 9. May derniers : Conclusions du Procureur general du Roy, Et tout consideré : LA COVR, sans s'arrester ausdites oppositions, sur lesquelles les parties se retireront pardeuers le Roy pour leur estre pourueu, Ordonne que lesdites Lettres en forme d'Edict, seront registrées au Greffe d'icelle, pour estre executées pour auoir lieu en ce qui concerne les huict Offices de Commissaires & Controlleurs Iurez Vendeurs & Priseurs de Cendres, Grauelées, Soutes noires & blanches seruans à faire lesciues seulement, à la charge que ledit droict de douze deniers pour liure ne pourra estre pris & leué que dans la Ville & Fauxbourgs de Paris, apres la vente de ladite marchandise de cendres, & que les contestations & differens qui naistront en consequence dudit Edict, seront traittez pardeuant les Preuost des Marchands & Escheuins en premiere instance, & par appel en la Cour; comme aussi que les assignations seront données par les Huissiers & Sergens, en la maniere accoustumée. PRONONCE' le vingt sixiéme iour d'Octobre 1645. Signé, BOVCHER.

Lettres de Iussion.

LOVIS par la grace de Dieu Roy de France & de Nauarre, A nos amez & feaux Conseillers les gens tenans nostre

Cour des Aydes à Paris, Salut. Pour remedier aux abus & maluersations qui se commettent en nostre bonne Ville & Fauxbourgs de Paris, en la vente des Cendres, Soutes & Grauelees seruans à faire lesciues & à blanchir linges, nous aurions creé par nostre Edict du mois de Nouembre dernier, en l'Hostel de Ville de nostredite Ville, huict Offices de Commissaires Controlleurs Iurez Visiteurs & Priseurs desdites Cendres, Soutes & Grauelées, pour auoir esgard à la defectuosité, qualité & prix d'icelle, & deux Iurez Iaugeurs, pour iauger les tonneaux de ladite marchandise à l'instar des Iurez Iaugeurs de Vins; aux droicts, lesdits Commissaires Controlleurs Iurez Visiteurs & Priseurs, des droicts de la Ferme desdites Cendres, Soutes & Grauelées, consistans en douze deniers pour liure du prix de la vente des cendres ordinaires & communes, cendres, grauelées & autres seruans aux lesciues, qui entrent en ladite Ville, Fauxbourgs & Banlieüe de Paris, & qui passent debout, le Bail de laquelle Ferme nous auons supprimé & reuoqué, pour desdits douze deniers lesdits Commissaires & Controlleurs en estre payez par les Marchands Vendeurs seuls, aussi-tost que leurs Marchandises seront arriuees, & qu'elles auront esté veües, visitées, controllées & prisees par lesdits Commissaires Controlleurs jurez Visiteurs & Priseurs, & ce au lieu des droicts qu'ils payoient au Fermier de ladite Ferme, & lesdits jaugeurs, aux droicts de cinq sols pour chacune tonne desdites cendres, soutes & grauelees, selon qu'il est plus au long exprimé par ledit Edict, lequel nous vous auons enuoyé pour proceder à la verification pure & simple d'iceluy: Mais au lieu de ce faire, par vostre Arrest du 26. du present mois, vous auez ordonné que ledit Edict sera registré pour estre executé & auoir lieu en ce qui concerne lesdits huict Offices de Commissaires Controlleurs jurez Visiteurs & Priseurs seulement, à la charge que ledit droict des douze deniers pour liure ne pourra estre pris & leué que dans ladite Ville & Fauxbourgs de Paris, apres la vente de ladite marchandise de cendres, & que les assignations seront donnees par les Huissiers & Sergens, en la maniere accoustumee. Et dautant que les droicts de ladite Ferme des cendres, se payoient au Fermier d'icelle à l'entree de ladite marchandise de cendres, soutes &

grauelees, & non apres qu'elles estoient vendües, & que l'establissement desdits Offices de jaugeurs est necessaire pour le seruice du public; d'ailleurs, que nous auons fait estat de la finãce desdits Offices pour les despences pressees de la guerre. A CES CAVSES, Apres auoir fait voir en nostre Conseil nostredit Edict & vostredit Arrest cy-attaché sous le contre-seel de nostre Chancellerie, De l'aduis de la Reine Regente nostre tres honorée Dame & Mere, NOVS vous mandons, ordonnons & tres expressement enioignons par ces presentes signees de nostre main, qui vous seruiront de premiere & derniere Iussion, & de tous commandemẽs plus expres que vous pourrez attendre de nous, Que sans vous arrester à vostredit Arrest, ny aux causes & motifs d'iceluy, qui vous ont pû mouuoir à faire lesdites restrictions & modifications, vous ayez à icelles leuer & oster, & ce faisant, proceder incessamment & toutes affaires cessantes & postposees à la verification & enregistrement pur & simple de nostredit Edict, & iceluy faire executer selon sa forme & teneur: Enjoignons à nostre Procureur general en nostredite Cour, de faire pour cet effet toutes requiſitions & diligences neceſſaires : CAR tel eſt noſtre plaiſir. DONNÉ à Paris le vingt-cinquieſme iour d'Octobre l'an de grace mil ſix cens quarant-cinq, Et de noſtre regne le troiſiéme. Signé, LOVIS, Et plus bas, Par le Roy, la Reine Regente ſa Mere preſente, DE GVENEGAVD, Et ſeellée du grand Seau de cire iaune. Et encor eſt eſcrit.

Leu, publié & regiſtré du tres-expres commandement du Roy, porté par Monſieur le Prince de Condé, aſſiſté du Sieur de Baſſompierre, Mareſchal de France, & des Sieurs Hamelot Chaillou & Gobelin, Conſeillers ordinaires de ſadite Maieſté en ſes Conſeils d'Eſtat & Priué, oüy & ce requerant ſon Procureur general. A Paris en la Cour des Aydes les Chambres aſſemblees le vingt-quatrieſme iour de Mars mil ſix cens quarante-ſix.

Signé, BOVCHER.

EXTRAICT DES REGISTRES du Conseil d'Estat.

LE ROY ayant par son Edit du present mois & pour les considerations y contenuës, creé huict Offices de Commissaires Controlleurs, jurez, Visiteurs & Priseurs, & deux jurez jaugeurs de Tonnes de toutes sortes de Cendres, Soutes & Grauelées de la Ville, Faux-bourgs & banlieuë de Paris, aux droicts lesdits Commissaires Controlleurs des droicts de la Ferme des Cendres de ladite Ville, Faux bourgs & Banlieuë consistant en douze deniers pour liure, du prix de la vente des Cendres ordinaires & communes, Cendres Grauelées, Cendres d'Astres, & Cendres de mer dites Soutes, qui entrent en ladite ville, Fauxbourgs & Banlieüe, ou qui y passent debout: Et outre des droicts de l'Office de Visiteur & Controlleur desdites Cendres, vendu par les Commissaires establis pour la vente du Domaine en l'année 1642. lequel Office sa Majesté supprime par ledit Edict, ensemble le Bail de ladite Ferme &

lesdits iaugeurs aux droicts de cinq sols pour chacune Tonne desdites Cendres seulement, icelle Tonne de la contenance de deux pieds & demy de longueur, & deux pieds vn pouce de fonds, auec le bouge raisonnable suiuant l'Ordonnance, pour desdits droicts en iouyr par lesdits Commissaires Controlleurs & iaugeurs, à commencer du premier du present mois. Et voulant sa Majesté que Maistre Nicolas de Fremont, qui a leué lesdits Offices aux Parties Casuelles, & secouru sa Majesté de la Finance d'iceux, iouysse; à commencer du premier iour du present mois des droicts attribuez ausdits Offices en attendant la vente d'iceux, pour luy tenir lieu d'interest des sommes par luy auancées de la Finance d'iceux, en la necessité presente de ses affaires: SADITE MAIESTE' EN SON CONSEIL, A ordonné & ordonne qu'en attendant l'enregistrement dudit Edict, en la Cour des Aydes & Hostel de Ville de Paris, & iusqu'à ce qu'il ait esté pourueu ausdits Offices, ledit Fremont iouyra des droicts de ladite Ferme des cendres, soutes & grauelees, & autres droicts attribuez ausdits Offices par ledit Edict conformement à iceluy, à commencer du premier du present mois: Et à cet effect les Marchands desdites cendres seront tenus de venir ou enuoyer au Bureau qui sera estably par ledit de Fremont, faire leur declaration de la quantité de cendres, soutes & grauelées qui sont à present dans leurs magazins, chantiers & autres lieux, & de faire ouuerture d'iceux aud. de Fremont, ou à ses Commis, Et lors que lesdits Marchands feront venir & amener cy-apres desdites cendres, soutes & grauelées d'en faire aussi leur declaration audit Bureau, ainsi qu'il se pratique enuers le Fermier desdites cendres. Faisant sa Majesté tres-expresses inhibitiõs & deffences ausdits Marchands de faire enleuer lesdites cendres desdits magazins & dessus les ports, sans auoir payé lesdits droicts audit de Fremont ou à ses Commis, sur peine de la perte desdites cendres, & de cinq cens liures d'amande, au payement desquels droicts ils seront contrains comme pour les deniers & affaires de sa Majesté, laquelle a ordonné en outre que ledit Fermier comptera aud. de Fremont des droicts qu'il aura perceus de ladite ferme, depuis ledit premier iour du present mois, iusqu'au iour de la signification du present Arrest, le

Bail de laquelle ferme, sa Majesté a reuoqué & reuoque, faisant deffences audit Fermier & à ses Commis de s'immisser à la recepte desdits droicts de ladite ferme, sur peine de trois mil liures d'amende, & d'estre contrains à la restitution par les susdites voyes: Et sera le present Arrest executé, nonobstant oppositions ou appellations quelconques, desquelles si aucunes interuiennent sadite Majesté s'en est reseruée à soy & à son Conseil la cognoissance, & icelle interdite & defendue à toutes autres Cours & Iuges. Fait au Conseil d'Estat du Roy, tenu à Paris le vingt-troisiesme iour de Nouembre mil six cens quarante-quatre. Signé, GALLAND.

LOVIS par la grace de Dieu Roy de France & de Nauarre; Au premier des Huissiers de nostre Conseil, ou autre Huissier ou Sergent sur ce requis: Nous te mandons & commandons que l'Arrest dont l'extraict est cy-attaché sous le contreseel de nostre Chancellerie, ce iourd'huy donné en nostre Conseil d'Estat, en execution de nostre Edict du present mois: Portant creation de huict Offices de Commissaires Controlleurs jurez Visiteurs Priseurs, & de deux jurez Iaugeurs de tonnes de toutes sortes de cendres, soutes & grauelees de la ville, faux-bourgs & banlieuë de Paris, Tu signifies à tous Marchands desdites cendres & autres qu'il appartiendra, à ce qu'ils n'en pretendent cause d'ignorance, & faicts pour l'execution d'iceluy tous commandemens, sommations, contraintes par les voyes y declarées, deffences sur les peines y contenuës & autres actes & exploicts necessaires, sans autre permission, nonobstant oppositions ou appellations quelconques, dont si aucunes interuiennẽt nous en retenons la cognoissance en nostredit Conseil, & l'interdisons à toutes nos Cours & autres Iuges: Et sera adjousté foy comme aux Originaux aux coppies dudit Arrest, & des presentes collationnees par l'vn de nos amez & feaux Conseillers & Secretaires: CAR tel est nostre plaisir. DONNÉ à Paris le 23. iour de Nouembre l'an de grace 1644. Et de nostre regne le deuxiesme, Signé, Par le Roy en son Conseil, GALLAND. Et scellé.

EXTRAICT DES Registres du Conseil d'Estat.

SVR ce qui a esté representé au Roy en son Conseil, par Maistre Nicolas de Fremont, qui a leué aux Parties Casueles les huict Offices de Commissaires Controlleurs jurez Visiteurs & Priseurs, & deux jurez jaugeurs de tonnes de toute sorte de cendres, soultes & grauelées de la Ville, Fauxbourgs & banlieuë de Paris, creés par Edict du mois de Nouembre mil six cens quarante-quatre, registré en la Cour des Aydes & Hostel de Ville de Paris, Qu'encores que par ledit Edict & Arrest dudit Conseil du 23. dudit mois, interuenu pour l'execution d'iceluy, il soit ordonné que les Marchands Voicturiers & Mariniers qui feront venir, amener & conduire lesdites cendres, soultes & grauelees en ladite Ville, Fauxbourgs & Banlieuë de Paris, seront tenus à l'instant de l'arriuée de leurs batteaux & marchandises, de venir ou enuoyer au Bureau estably par ledit de Fremont, faire leur declaration des quantitez & qualitez desdites marchandises qu'ils auront amenées ou fait venir, ainsi qu'il se pratiquoit enuers le Fermier des cendres auant la reuocation de son Bail, auec tres-expresses defenses ausdits Marchands & Mariniers de faire enleuer lesdites marchandises des batteaux & dessus les Ports sans auoir payé les droicts attribuez ausdits Offices sur peine de confiscation desdites marchandises, & de cinq cens liures d'amende : Neantmoins lesdits Marchands & Mariniers font descharger & enleuer lesdites marchandises de cendres, soultes & grauelées nuictamment à heure indeuë, sans en faire aucune declaration pour frustrer ledit de Fremont desdits droicts. REQVEROIT qu'il pleust à sa Majesté sur ce pouruoir : VEV ledit Edict, ledit Arrest du Conseil du 23. Nouembre mil six cens quarante quatre, Tout consideré. LE ROY EN SON CONSEIL, conformément audit Edict & Arrest du Conseil du 23. Nouembre mil six cens quarante quatre, A fait & fait tres-expresses inhibitions & defenses ausdits Marchands & Mariniers, de faire enleuer lesdites marchandises de cendres, soutes &

grauelées des batteaux, & de dessus les ports, sans au prealable auoir fait leur declaration par escrit de la quantité & qualité desdites marchandises & payé les droicts attribuez ausdits Offices de Commissaires Controlleurs jurez Visiteurs & Priseurs, & jurez Iaugeurs, audit de Fremont ou à ceux qui seront pourueus desdits Offices sur les peines portées par ledit Edict & Arrests: ENJOIGNANT sa Majesté aux Preuost des Marchands & Escheuins de ladite ville de Paris, de tenir la main à l'execution d'iceux, Faire informer des contrauentions, confisquer lesdites cendres, soutes & grauelées enleuées nuictamment à heure indeuë, pour lesquelles n'aura esté faite ladite declaration, & payé lesdits droicts, & condamner lesdits Marchands, Mariniers & autres contreuenans ausdits Edict & Arrest aux peines portées par iceux. FAIT au Conseil d'Estat du Roy, tenu à Paris le 30. iour de Iuin mil six cens quarante six. Signé, DE BORDEAVX.

LOVIS par la grace de Dieu Roy de France & de Nauarre: Aux Preuost des Marchands & Escheuins de nostre bonne ville de Paris, Salut. Suiuant l'Arrest dont l'Extraict est cy-attaché sous le contreseel de nostre Chancellerie, ce iourd'huy donné en nostre Conseil d'Estat, Sur ce qui nous a esté representé en iceluy par Maistre Nicolas de Fremont qui a leué en nos Parties Casuelles les huict Offices de Commissaires Controlleurs Iurez Visiteurs & Priseurs, & desdits Iurez jaugeurs de tonnes de toutes sortes de cendres, Soutes & Grauelées de la ville, faux-bourgs & Banlieuë de Paris, créez par Edict du mois de Nouembre 1644. registré en nostre Cour des Aydes & Hostel de ville de Paris; NOVS vous mandons & ordonnons, de tenir la main à l'execution dudit Edict & d'autre Arrest de nostredit Conseil du 23. Nouembre 1644. y énoncez: Faire informer des contrauentions, confisquer les cendres, soultes & grauelées enleuées nuictamment à heure indeuë, pour lesquelles n'aura esté fait declaration & les droicts payez, & condamner les Marchands, Mariniers & autres contreuenans ausdits Edict & Arrests aux peines portées par iceux: Commandons au premier nostre Huissier ou Sergent sur ce requis, de faire pour l'execution dudit Arrest toutes significations, commandemens, sommations, deffenses sur les peines y contenues contenuës, & autres actes & exploicts necessaires sans autre permission : Et sera adjousté foy comme aux originaux aux copies dudit Arrest & des presentes, collationnées par l'vn de nos amez & feaux Conseillers & Secretaires : CAR tel est nostre plaisir. Donné à Paris le 30. iour de Iuin, l'an de grace 1646. Et de nostre regne le quatriesme. Signé, Par le Roy en son Conseil, DE BORDEAVX. Et seellé du grand Seau de cire jaune.

TOVS ceux qui ces presentes Lettres verront : Antoine le Fevre, Conseiller du Roy en ses Conseils d'Estat & Priué, & en sa Cour de Parlement, Preuost des Marchands, & les Escheuins de la ville de Paris ; Salut. Sçauoir faisons, qu'aujourd'huy datte des presentes, comparant en Iugement deuant Nous, Maistre Antoine Noël, Procureur des huict Commissaires, Controlleurs, Priseurs & Visiteurs de cendres, soutes & grauelées, en cette ville, fauxbourgs & banlieuë de Paris, demandeurs aux fins de l'Exploict fait à leur requeste le premier du present mois, &

faisissans : Et M. Guillaume Torchebeuf Procureur de Michel Boucher Marchand, faisant trafic de cendres, Forain, deffendeur & opposant. Apres que ledit Noël audit nom pour lesdits demandeurs, a conclud aux fins de leur exploict cy dessus datté, à ce que conformément à leur Edict de creation du mois de Nouembre mil six cens quarante quatre, verifié en la Cour des Aydes le vingt sixiesme Octobre mil six cens quarante cinq, & registré au Greffe de ceans le vingt huictiesme Avril mil six cens quarante six; Ledit deffendeur fut condamné payer aux demandeurs la somme de trente sept liures dix sols tournois, pour leurs droicts de la quantité de trente tonnes de cendres que ledit deffendeur a fait arriuer au Port de la Tournelle de cette Ville de Paris, qui est à raison de vingt cinq sols chacune piece, suiuant ledit Edict : Ce faisant que la saisie faite à la requeste desdits demandeurs, sur deux tonnes desdites cendres, fut declarée valable, & qu'elles seroient venduës, & les deniers en prouenans baillez & deliurez à iceux demandeurs sur & tant moins, & iusques à la concurrence de ladite somme de trente sept liures dix sols, & despens, & que le Gardien desdites deux tõnes contrainct par corps comme depositaire de les representer, le tout nonobstant & sans auoir esgard à l'opposition d'iceluy deffendeur, de laquelle il sera debouté, ne autres oppositions ou appellations quelconques, & condamné és despens. Et par ledit Torchebeuf pour ledit Michel Bocher, a esté dit, qu'ayant esgard à son opposition, il doit auoir main leuée de la saisie faite à la requeste desdits demandeurs, sur deux tonnes de cendres à luy appartenant, par exploict de Bourlon Sergent, du premier du present mois, d'autant qu'il ne deuoit aucune chose du droict pretendu par lesdits demandeurs, & que les deffences auoient esté faites par la Declaration du mois d'Octobre mil six cens quarante huict, de leuer aucuns droicts qu'en vertu d'Edicts bien verifiez ; Et en consequence, concluoit à ce que dessus. PAR ledit Noël pour lesdits demandeurs, que l'objection & allegation que fait le deffendeur de la Declaration du Roy du mois d'Octobre mil six cens quarante huict, est friuole, & ne peut seruir à la cause pour en induire la reuoquation des droicts attribuez aux Offices desdits demandeurs, attendu que l'Edict de leur creation ayant esté verifié legitimement, & par le libre suffrage de la Compagnie où il a esté porté, l'on ne peut pas dire qu'il n'ait esté bien & deuëmẽt verifié, non plus que les droicts à eux accordez & attribuez, qui se payoient au Fermier du Roy plus de vingt ans auparauant, en vertu de Lettres Patentes, Arrest du Conseil & Declaration aussi verifiée, Et par ces moyens a percisté en ses conclusions cy deuant prises, & requis l'adjonction d'icelles. ET par ledit Torchebeuf, a esté perseueré en ce qu'il a dit cy dessus : SVR-QVOY Nous Parties ouyes, ensemble le Procureur du Roy & de la Ville en ses Conclusions, auquel elles ont communiqué de la cause ; Lecture faicte de l'Edict de creation desdits demandeurs, du mois de Nouembre mil six cens quarante quatre, verifié en la Cour des Aydes le vingt sixiesme Octobre mil six cens quarante cinq, registré au Greffe de ceans le vingt huictiesme Auril mil six cens quarante six, Auons condamné ledit deffendeur payer aux demandeurs la somme de trente sept liures dix sols tournois, pour leurs droicts de la quantité de trẽte tonnes remplies de cendres, que ledit deffendeur a fait arriuer au Port de la Tournelle de cette ville de Paris, qui est à raison de vingt cinq sols pour chacune piece, suiuant ledit Edict, & és despens; Ce faisant declaré la saisie faite à la requeste desdits demandeurs sur deux tonnes desdites cendres bonnes & valables, Ordonné qu'elles seront venduës, & les deniers en prouenans baillez & deliurez à iceux demandeurs, sur & tant moins, où iusques à la concurrence de la susdite somme, & despens: A la representation desquelles, sera le Gardien contrainct par corps comme depositaire, & partant deschargé, le tout nonobstant & sans auoir esgard à l'opposition d'iceluy deffendeur, de laquelle il est debouté, ne autres oppositions ou appellations quelconques faites ou à faire, & sans preiudice d'icelles. EN TESMOIN de ce, Nous auons mis à ces presentes le Seel de ladite Preuosté des Marchands: Ce fut fait & donné au Bureau de la ville, & Prononcé par Nous Preuost susdit, le Mercredy huictiesme iour de Mars mil six cens cinquante vn.

Signé DE MERE'.

EXTRAICT DES Registres de Parlement.

ENTRE Michel Bocher Marchand Forain faisant le trafic des cendres, appellant d'vne Sentence renduë par le Preuost des Marchands & Escheuins de cette ville de Paris, le huictiesme Mars mil six cens cinquante vn, d'vne part : Et la Communauté des Commissaires, Controlleurs, Priseurs & Visiteurs de cendres, soutes & grauelées de ladite ville, faux bourgs & banlieuë de Paris, intimez d'autre part. VEV par la Chambre des Vacations ladite Sentence dont est appel, renduë sur les Conclusions du Substitud du Procureur General du Roy en l'Hostel de ville, par laquelle ledit Bocher auroit esté condamné payer ausdits intimez la somme de trente sept liures dix sols, pour leurs droicts de la quantité de trente tonnes remplies de cendres, qu'il auoit fait arriuer au Port de la Tournelle de cette ville de Paris, qui estoit à raison de vingt cinq sols pour chacune piece suiuant ledit Edict, & és despens : Ce faisant, la saisie faite à la requeste desdits intimez sur deux tonnes desdites cendres, declarée bonne & valable ; Ordonné qu'elles seroient venduës, & les deniers en prouenans baillez & deliurez ausdits intimez, sur & tant moins, & iusqu'à la concurrence de ladite somme & és despens, à la representation desquels, seroit le gardien contrainct par corps comme depositaire ,de biens de Iustice,& partant deschargé,le tout sans auoir esgard à l'opposition dudit Bo. cher, de laquelle il auroit esté debouté, ne autres oppositions ou appellations : Arrest d'appoincté au Conseil du cinquiesme Iuin mil six cens cinquante vn ; Causes d'appel & responses; Productions des parties ; Con. clusions du Procureur General du Roy, Et tout consideré. DIT A ESTE', Que ladite Chambre a mis & met l'appellation au neant, Ordõne que ce dont a esté appellé sortira effect, condamne l'appellant és des. pens de la cause d'appel, & en vne amande ordinaire de douze liures tournois, seront neantmoins lesdits intimez tenus de rapporter dans six mois l'Edict portant creatiõ de leurs charges, auec Lettres d'adresse d'iceluy en la Cour pour y estre verifié si faire se doit. PRONONCE' en Vacations, le 19. Octobre mil six cens cinquante deux.

Signé, GVYET.

DECLARATION

du Roy portant confirmation des Offices de Police, verifié en Parlement le 31. & dernier Decembre 1652.

LOVIS Par la grace de Dieu Roy de France & de Nauarre: A tous presens & à venir; Salut. Les Officiers de nostre bonne ville & fauxbourgs de Paris, Nous ont fait remonstrer, qu'encores qu'ils ayent acquis leurs Offices de bonne foy, payé en nos Parties Casuelles la finance d'iceux, & toutes les taxes qui ont esté faites en diuers temps sur eux, dont le feu Roy nostre tres-honoré Seigneur & Pere & nous, auons receu des assistances considerables, & qu'en consequence il soit de justice & raison qu'ils iouyssent des droicts, Priuileges, fonctions & exercices attribuez à leurs Offices, ausquels consistent (non seulement) tout leur bien, mais aussi de plusieurs autres familles (en tres grand nombre) qui s'y trouuent engagées par le moyen des sõmes qu'ils leur ont prestées pour en faire les acquisitions: Neantmoins nostredite Cour de Parlement par son Arrest du 22. Iuillet 1648. interuenu sur la verification de nos Lettres de Declaration du 13. dudit mois, ayant fait deffences à toutes personnes de quelque qualité qu'ils soient, de leuer aucuns deniers sur nos Subjets par taxes ou autres voyes quelconques, sinon en vertu d'Edicts & Declarations bien & deuëment verifiez, & que toutes les impositions de deniers ou taxes cy deuant faites en vertu d'Edicts & Declarations sujets à verification de nostredite Cour, non verifiez en icelle, & enregistrez és autres Cours, seront (sans tirer à consequence) continuées pendant ladite année 1648. & la suiuante seulement si tant la guerre dure: Aucuns de ceux qui font trafic des marchãdises sujettes aux droicts desdits Officiers de Police, expliquant ledit Arrest à leur avantage, & en vn sens tout contraire, ont pretendu que lesdits droicts estoient compris ausdites deffenses, & en consequence se sont rendus refusans d'en faire les payemẽs, afin de les conuertir à leur profit particulier. Bien que ces deffences de leuer aucuns deniers en vertu d'Edicts non verifiez, ne regardent en aucune façon les susdits droicts desdits Officiers de Police, qui leur tiennẽt lieu d'esmolumens pour le seruice & trauail qu'ilsrendent au public, & auances de leurs deniers; Dequoy lesdits Officiers de Police s'estans plains en nostre Conseil, & requis qu'il nous plût leur pouruoir, & les cõfirmer dãs la iouyssance entiere de leursdits droicts & Offices, pour leur donner moyen de faire subsister leurs familles, & satisfaire à leurs creanciers, offrans de faire vn dernier effort pour nous fournir quelques sommes modiques pour nous ayder à soustenir les despen. ces de la guerre. Et comme nous auons esté informez que ce ne seroit rien faire à l'égard des Iurez Porteurs de grains & farines, & Leueurs de minots de nostredite ville, faux. bourgs & banlieuë de Paris, attendu qu'ils n'ont aucune finance reglée, ny d'attributiõ de droicts ordinaires, & que ceux dont ils iouyssent & perçoiuent leur ont esté seule. ment adjugez par Sentences dudit Hostel de ville & Chastellet de Paris, pour salaires & peines de corps; Lesquels salaires (quoy que tres modiques, & leurs fonctions tres. penibles) leur sont souuent contestez: Et de plus que l'exercice desdits Iurez Porteurs, tant de la Halle, Escolle, S. Germain, que de la Greue, ayant esté limité & distribué par certains quartiers separémẽt, sans qu'ils ayent la liberté de trauailler hors des lieux de leurs limites, ils ont souuent differends entr'eux, pour lesquels éuiter, mémes toutes autres contestations; Nous auons resolu de reunir lesdits Porteurs en vn seul & mesme corps pour trauailler doresnauant en tous lesdits lieux sans distinctiõ: Comme aussi de specifier par nostre present Edict tous les droicts dont lesdits Porteurs iouyront à l'avenir, qui leur seruira (& au public) d'vn Reglement authentique, auec deffenses d'y contreuenir à peine de concussion, & tous autres de les troubler. Au moyen duquel Reglement, (tres avantageux, tant au public qu'ausdits porteurs) Nous esperons tirer le secours que Nous nous sommes promis, ainsi que de tous les autres susdits Offices de police: Et d'autant que par nostredit Edict du mois de Ianuier 1648. Nous aurions creé plusieurs Offices de police en nostredite ville & fauxbourgs de paris & sur les Riuieres y affluantes, auec attribution de diuers droicts, dont l'establissement seroit tres preiudiciable, tant ausdits Officiers, qu'au public; Nous auons aussi resolu de les supprimer, sans qu'à l'avenir lesdits Offices ny les droicts à eux attribuez par iceluy puissent estre restablis pour quelque cause & consideration que ce soit, à l'exception toutesfois de trente Offices de Mesureurs, trente porteurs, cinq Courtiers, & cinq Briseurs de Sel au Grenier à Sel, huict Auneurs & Visiteurs de Toilles audit paris, Maistre des ponts, ports & perthuis, leurs Aydes & Controlleurs, Clercs d'Eauë, & des droicts & fonctions attribuez ausdits Offices par ledit Edict, par lequel Nous aurions obmis de créer des Offices de nos Conseillers, Receueurs, payeurs, Controlleurs & Commis desdits Receueur des Rentes sur les Entrées de nostredite ville de paris. A CES CAVSES, Sçauoir faisons qu'ayant fait mettre cette affaire en deliberation en nostre Conseil, auquel nostre Edict du mois de Ianvier mil six cens quarante huict, & les Edicts de creation desdits Officiers de police & autres Edicts, Declarations, Reglemens, Sentẽces & Arrests interuenus en consequence, ensemble ledit Arrest de nostre Cour de parlement du vingt-deuxiesme Iuillet 1648. ont esté veus & examinez. NOVS de l'avis de la Reyne nostre tres honorée Dame & Mere, d'aucuns princes, & de plusieurs grands & notables personnages de nostredit

Conseil, Avons par ces presentes signées de nostre main, Dit & ordonné, Disons & ordonnons, Voulons & Nous plaist, Que tous les Officiers de police de nostredite ville & fauxbourgs de Paris, & des riuieres y affluantes, de quelque nature qu'ils puissent estre, tant ceux dependant de Nous que de l'Hostel de nostredite ville, & Chastelet dudit Paris, soient maintenus & confirmez: Cõme nous les maintenons & confirmons à perpetuité, en la iouyssance de toutes les fõctions, exercices, priuileges & droicts qui leur ont esté attribuez par les Edicts de leurs creatiõs, Declaratiõs & autres Edits, Declarations, Reglemens, Sentences & Arrests interuenus en consequẽce, & dont ils iouïssoient auparauant ledit Arrest de nostre Cour de Parlement du 22. Iuillet 1648. mémes les Tireurs & Debardeurs de foin, suiuant nostre Edict du mois de Mars 1646. nonobstant que lesdits Edicts, Declarations & Reglemens n'ayent esté registrez en nostredite Cour de Parlemẽt: Et que cy apres les Marchands Voicturiers de foin seront tenus de faire leurs declarations & submissions sans fraude aux Iurez de la Marchandise dudit foin, à peine de confiscation du surplus; Et pour entretenir paix & amitié entre lesdits Iurez Porteurs de grains & farines & Leueurs de minots, & éuiter les contestations qui arriuent iournellement entr'eux, Les Iurez Mesureurs desdits grains & farines, & les vendeurs & Achepteurs d'iceux sur la perception & difficulté qui s'est faite iusques à present de leursdites fonctions & droicts esdites Places, Ports, Halles & Marchez: Comme aussi les plaintes qui sont faites à l'encontre d'aucuns desdits Officiers, qui pretendent lesdits droicts au delà de ce qu'ils en doiuent receuoir: Nous auons ioints & vnis, ioignons & vnissons lesdits porteurs de grains & farines & Leueurs de minots desdites Greue, Halle & Escolle, S. Germain ensemblement: pour ne faire à l'aduenir qu'vn seul & mesme corps, & trauailler cy apres en tous lesdits lieux sans distinction. Voulons que doresnauant à commencer du iour des presentes, lesdits droicts soient & demeurent reglez, taxez & moderez: Comme nous les reglons, taxons & moderons par ces presentes: Sçauoir à dix huict deniers pour chacun septier de grains, & le double pour la farine, Tant pour deslier les sacs, fournir de iailles, emplir & leuer le minot, que pour verser lesdits grains & farines dās les sacs des achepteurs : Quatre sols pour chacun septier de grains & farines qu'ils porteront ou feront porter des batteaux à terre, & qu'ils chargeront sur harnois, cheuaux, ou autres montures tant prés que loing ; & des grains qu'ils descendront des greniers à terre, & monteront de terre aux greniers ; Et deux sols six deniers pour chacun septier de grains qu'il conuiendra rainsser ou échanger de batteaux en autres pour passer debout outre Paris : Vn sol pour chacun septier de grains ou farines arriuans par harnois, qu'ils déchargeront esdits Ports, Places, Halles & Marchez : Et pour les grains & farines qu'ils porteront à col ils en seront payez suiuant l'Arrest de nostredite Cour de Parlement du 21. Iuillet 1640. Tous lesquels droicts seront payez par les vendeurs & Achepteurs desdits grains & farines en la maniere accoustumée ausdits Iurez Porteurs de grains ; Ausquels nous faisons tres-expresses deffences de se faire payer & receuoir plus grands droicts à peine de concussion, Et à toutes autres personnes de s'immisser en la fonction & exercice desdits Iurez porteurs de grains, ny les troubler & empescher en ladite fonction, desquels droicts lesdits Iurez Porteurs de grains feront cy apres bourse commune, pour estre partagez esgallement. Toutes lesquelles qualitez, fonctions & exercices, priuileges & droicts de tous les susdits Officiers de Police de nostredite Ville & Fauxbourgs de Paris, & des Riuieres y affluantes, NOVS leur auons de nouueau & en tant que besoin est ou seroit, attribuez & attribuons par cesdites presentes, pour desdits droicts en estre payez, tant de ce qui leur est deu du passé, que pour l'aduenir, & les auons déchargez & déchargeons de toutes recherches & restitutions du passé, à quoy ils pourroient estre tenus à cause de leursdits Offices. Voulons que tous les Officiers d'vn mesme corps & qualité soient reputez & censez d'vn mesme prix, valeur & finance, encores que la finance des vns soit moindre que celle des autres, & qu'aucuns d'eux n'en ayent aucune, à cause de l'ancienneté de leurs Offices; à la charge que tous lesdits Officiers de Police receus & à receuoir de nostredite ville & faux, bourgs de Paris, & des riuieres y affluantes, tant ceux dépendans de Nous, Hostel de ladite Ville, que Chastelet dudit Paris, & autres Officiers de Police, de quelque nature & qualité qu'ils soient ou puissent estre, payeront és mains du Tresorier de nos parties Casuelles, ou du porteur de ses quittances, par forme de supplement, les sommes ausquelles ledit supplement se trouuera monter, sur le pied du dixiéme denier des dernieres quitances de Finances des derniers creés; & pour ceux dont n'a esté fait aucune nouuelle creation depuis six ans, sur le pied des derniers Contracts de vente de leursdits Offices: Et pour le regard desdits jurez porteurs de grains, les sommes ausquelles ils seront moderement taxez en nostre Conseil, pour iouyr de ladite vnion de leurs corps, & reglemens de leursdits droicts, le payement desquelles sommes sera fait par tous lesdits Officiers dans le temps & termes qui seront reglez en nostre Conseil; Et à faute par lesdits Officiers de police, de satisfaire au payement desdites sommes dans lesdits temps & termes, Nous voulons qu'ils y soient contraints, comme pour nos deniers & affaires; Et cependant & iusques à ce qu'ils ayent satisfait ausdits payemens, Voulons que les porteurs des quittances desdits supplémens, iouyssent (au lieu desdits Officiers) des droicts attribuez ausdits Offices, sans diminution du prix desdits supplémens; Et iusques à ce, ne pourront lesdits Officiers receuoir les sommes qui se trouueront leur estre deuës du passé; lesquelles demeureront affectées au payement desdits supplemens, & en suite seront leursdits droicts reduits & moderez par Arrest de nostre Conseil; Et en outre au deffaut desdits payemens, les deffaillans, dépendans de nostredit Hostel de Ville, seront tenus pour la conseruation de leursdits Offices, d'en faire la resignation en personne en nostredit Hostel de

Ville, ainsi qu'ils faisoient auparauant l'Edict de mil six cens trente-trois ; à faute dequoy faire, & venans à mourir, leursdits Offices demeureront supprimez par mort : Et ne pourra nostre present Edict, nuire ny preiudicier aux autres droicts, priuileges, pouuoirs & facultez desdits Preuost des Marchands & Escheuins, Preuost de Paris, & Procureur pour Nous de ladite Preuosté, mesmes à la prouision desdits Offices, vacation d'iceux aduenant par mort, forfaicture ou autrement, ny le nombre desdits Officiers, estre augmenté à l'aduenir, ny taxez pour le supplement de Finance, à cause desdites confirmations, reglemens de droicts & décharges, ny leursdits droicts retranchez sous quelque cause & pretexte que ce soit; Nonobstant tous Edicts, Declaratiós, Arrests, Sentences, Iugemés & Reglemens contraires à nostre present Edict : Voulons que les Offices creez par ledit Edict du mois de Ianvier mil six cens quarante-huict, & les droicts attribuez par iceluy, soient & demeurent supprimez, comme nous les supprimons par ces Presentes, sans qu'ils puissent estre restablis pour quelque cause, pretexte & consideration que ce soit ou puisse estre, à l'exception toutesfois desdits Offices de Mesureurs, Porteurs, Courtiers, & Briseurs de Sel, au Grenier à Sel de Paris ; Aulneurs & Visiteurs de toiles en ladite Ville ; Maistres des Ponts, Ports & Perthuys, leurs Aydes, & Controlleurs; Clercs d'Eaux creez par ledit Edict ; Ausquels sera par Nous pourueu, pour en iouyr aux droicts attribuez par ledit Edict. Auons en outre creé & erigé, creons & erigeons en titre d'Office formé, quatre nos Conseillers Receueurs Payeurs, quatre autres nos Conseillers Controlleurs, & quatre Commis desdits Receueurs anciens, alternatifs, triennaux, & quatriennaux hereditaires des rentes constituées, & charges assignées sur les deniers de nos Fermes des Entrées de nostredite ville de Paris, ausquels nous auons attribué, sçauoir quatre mil liures de gages à chacun desdits Receueurs, & deux deniers pour liure de taxations de leur maniement; deux mil liures à chacun desdits Controlleurs, & douze cens liures à chacun desdits Commis: desquels gages & taxations, Voulons que le fond soit entierement fait & laissé, à commencer au premier Ianvier prochain, és Estats desdites Fermes qui s'expedieront l'année prochaine & suiuantes, pour estre payé & deliuré par les Fermiers, aux pourueus desdits Offices; & en attendant aux porteurs des quittances de Finance d'iceux, le nom en blanc, de quartier en quartier; lesdits Offices aux mesmes priuileges & exemptions, dont iouyssent nos Conseillers Receueurs & Payeurs, Controlleurs & Commis desdits Receueurs des rentes de nostredit Hostel de Ville. Si donnons en mandement à nos Amez & Feaux Conseillers, les Gens tenans nostre Cour de Parlement à Paris, Preuost de Paris ou son Lieutenant Ciuil, Preuost des Marchands & Escheuins de nostredite ville de Paris, chacun endroit soy; que ces Presentes ils fassent lire, publier, & enregistrer, purement & simplement sans aucune modification, pour estre executées selon leur forme & teneur, sans permettre qu'il y soit contreuenu, nonobstant toutes Ordonnances, Edicts, Declarations, Arrests, Reglemens, Sentences, & autres choses à ce contraire; Ausquelles nous auons dérogé & derogeons par cesdites Presentes, & de toutes oppositions, appellations, & empeschemens quelconques. CAR tel est nostre plaisir : Et afin que ce soit chose ferme & stable à tousiours, Nous auons fait mettre nostre Seel à cesdites Presentes. DONNÉ à Paris au mois de Decembre, l'an de Grace mil six cens cinquante-deux ; Et de nostre Regne le dixiesme. Signé LOVYS, Et plus bas, Par le Roy DE GVENEGAVD.

Leu, publié & registré, ouy, & ce consentant le Procureur general du Roy, pour estre executé selon sa forme & teneur ; à la charge que les deniers prouenans du present Edict, seront employez aux charges & necessitez de l'Estat, & payement des Gens de guerre ; & ce à peine de repetition contre les Ordonnateurs. A Paris en Parlement le Roy y seant le trente-un & dernier Decembre mil six cens cinquante-deux.

Signé, DV TILLET.

Collationné aux Originaux par moy Conseiller, Secretaire du Roy & de ses Finances.

www.ingramcontent.com/pod-product-compliance
Ingram Content Group UK Ltd.
Pitfield, Milton Keynes, MK11 3LW, UK
UKHW021516260726
13993UKWH00004B/1707